MONUMENTS HISTORIQUES.

RAPPORT

AU MINISTRE DE L'INTÉRIEUR.

8698

PARIS,
IMPRIMERIE ROYALE.

—

MDCCCXL.

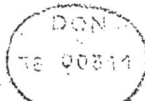

RAPPORT

AU MINISTRE DE L'INTÉRIEUR

(MONUMENTS HISTORIQUES.)

MONSIEUR LE MINISTRE,

La commission des monuments historiques, dans son dernier rapport, déplorait l'insuffisance des secours affectés à la conservation des édifices remarquables de toutes les époques, dont notre pays a tant de raisons de s'enorgueillir, et que pourtant il a traités longtemps avec une fâcheuse indifférence. Ces plaintes, trop bien justifiées, ont été entendues, et le crédit mis cette année à la disposition de votre département témoigne que la sollicitude des Chambres s'est éveillée sur l'importance de nos richesses monumentales. En applaudissant à ce premier résultat, la commission éprouve le besoin d'exprimer sa vive reconnaissance à ceux de vos prédécesseurs qui ont bien voulu se faire les interprètes de ses réclamations, et elle attend avec confiance de vos lumières et de votre patriotisme, Monsieur le Ministre, la continuation d'un appui qui lui est si nécessaire.

1.

Grâce à l'augmentation des fonds de secours alloués aux monuments historiques, pour l'année 1840, la commission a pu proposer un nouveau système de répartition que, malgré ses avantages reconnus, la déplorable insuffisance des crédits des années précédentes avait toujours contraint d'écarter; plusieurs monuments recevront cette année des allocations qui permettront d'exécuter de grands travaux.

Dans l'opinion de tous les hommes spéciaux, il n'est pas douteux que, pour être vraiment utiles, les restaurations doivent être exécutées rapidement et d'une manière complète; que des secours lents et partiels suffisent à peine pour pallier les progrès de la destruction, et n'ont, en dernière analyse, d'autre résultat que de retarder le moment où il faut opter entre une restauration entière ou un abandon définitif.

Sous le rapport de l'économie et de la bonne administration, l'expérience a prouvé encore qu'une grande restauration, entreprise à temps et terminée aussi promptement que possible, est infiniment moins coûteuse qu'une suite de petites réparations qu'il faut sans cesse recommencer. Au point de vue de l'art, on ne trouve pas moins d'avantages; car, lorsqu'une allocation est large et proportionnée aux besoins d'un monument, on peut donner aux travaux une direction méthodique et les confier à des architectes d'un talent éprouvé. Il suffit de jeter les yeux sur la plupart de nos anciens édifices pour se convaincre que des réparations maladroites leur ont été presque toujours plus funestes que les ravages du temps.

Les inconvénients du système des réparations lentes et partielles se sont fait sentir surtout dans les travaux exécutés aux théâtres d'Arles et d'Orange. Depuis bien des années ils reçoivent des subventions médiocres en comparaison de la grandeur de l'entreprise, considérables pourtant eu égard à la faiblesse des crédits d'où elles sont tirées. Quels sont les résultats obtenus? Non-seulement le déblayement du sol antique n'est pas achevé, mais beaucoup de terrains restent à acquérir, et l'état de ces ruines si précieuses inspire encore de vives inquiétudes. Si l'on faisait le relevé des dépenses que ces deux monuments ont coûté jusqu'à ce jour, il est plus que probable que leur total, mis tout d'abord à la disposition d'un architecte habile, eût suffi à un déblayement complet, à une restauration durable. En outre, la lenteur des travaux a éveillé la cupidité des propriétaires établis sur le sol antique; elle leur a permis d'élever successivement leurs prétentions, et, ce qui est encore plus affligeant, de compromettre, par des dégradations, l'existence même des ruines imposantes pour lesquelles on a déjà fait tant de sacrifices.

La commission s'était flattée qu'un crédit spécial pourvoirait à la restauration définitive des théâtres d'Orange et d'Arles. Un travail préparé par un de ses membres avait démontré l'utilité de cette mesure et en avait précisé la dépense, qui ne s'élève qu'à une somme de 300,000 francs; mais des motifs, qu'il n'appartient pas à la commission d'apprécier, ayant déterminé l'ajournement de ce projet, il a fallu faire face avec les seules ressources du fonds général des monuments historiques aux travaux les plus urgents réclamés par ces deux immenses débris de la splendeur romaine. Les allocations qu'on a jugées nécessaires, et qui pourtant ne sont pas ce qu'elles devraient être, ont fortement affecté ce fonds de secours, et l'on ne pourrait les renouveler l'année prochaine sans négliger d'autres travaux aussi importants. Sur ce point, Monsieur le Ministre, la commission appelle toute votre sollicitude et se plaît à espérer que, sous vos auspices, un crédit spécial sera accordé à une entreprise aussi utile pour les arts et les études archéologiques.

Toutefois, Monsieur le Ministre, les subventions accordées cette année (les plus considérables qu'aient encore reçues ces deux monuments) promettent des résultats utiles.

A Orange, les salles du Postscenium seront acquises, et l'on n'aura plus à craindre désormais ces dégradations alarmantes que leurs propriétaires y faisaient journellement. L'enceinte antique sera fermée et soumise à une exacte surveillance.

Des fouilles doivent être dirigées sur la scène du théâtre d'Arles, dans la partie qui n'a point encore été explorée. Les magnifiques statues et les nombreux et admirables fragments antiques qu'on a déjà trouvés sur cette scène attestent le luxe vraiment extraordinaire de sa décoration, et font espérer de nouvelles découvertes également intéressantes.

Quelques difficultés relatives à l'achat des terrains ralentissent encore les travaux, plusieurs propriétaires ayant exposé des prétentions inadmissibles, quelques-uns se refusant à céder les terrains qu'ils occupent. Dans d'autres communes, des exigences semblables paralysent les intentions généreuses du Gouvernement et des autorités locales. La commission, désirant mettre un terme à cette situation, avait prié l'un de vos prédécesseurs de solliciter devant les Chambres une mesure législative pour faciliter l'acquisition des monuments historiques ou celle des terrains qui renferment des antiquités. A cette occasion, un projet de loi avait été préparé, mais il n'a point été jugé nécessaire de le présenter aux Chambres. En effet, l'opinion de nos plus éminents jurisconsultes et les derniers débats de la Chambre des Pairs ont prouvé que la loi actuelle sur l'expropriation pour cause d'utilité publique pourrait être invoquée pour le déblayement et la conservation des monuments anciens. Il ne reste plus qu'à consacrer ce principe par une application, et il ne s'en pourra trouver une plus juste que dans les théâtres d'Orange et d'Arles.

Du moment que l'emploi de l'expropriation sera complétement établi, les administrations locales pourront facilement dégager tant de beaux monuments des misérables constructions qui en masquent l'extérieur, et souvent en compromettent la solidité. La commission se plaît à espérer qu'on en fera bientôt usage pour isoler les arènes d'Arles, acquérir la Basse-Œuvre à Beauvais, et assurer la conservation d'un grand nombre d'autres édifices antiques ou du moyen âge.

L'état du fonds général de secours n'a point permis d'entreprendre cette année la restauration de quelques autres monuments antiques sur lesquels la commission se réserve d'appeler votre intérêt dans un avenir plus ou moins éloigné. Les grandes constructions romaines de Rheims, de Langres, de Saintes, de Poitiers, de Saint-Chamas, de Nîmes, de Saint-Remy, etc., ont des titres manifestes à l'intérêt de l'administration et n'ont plus à redouter aujourd'hui la funeste insouciance qui a laissé détruire les arènes de Bordeaux.

Nos édifices du moyen âge présentent peut-être les types les plus remarquables de tous les styles d'architecture qui se sont succédé depuis le XIᵉ siècle jusqu'à la renaissance. Aucun pays ne possède autant de richesses en ce genre, et pourtant aucun n'en a détruit ou laissé détruire un aussi grand nombre. Le premier rapport de la commission contenait une longue liste des principaux de ces monuments; le tableau ci-joint, fort augmenté, est encore incomplet, et, malgré le soin apporté à sa rédaction, malgré les recherches continuelles, plusieurs années se passeront encore avant qu'on puisse dresser un catalogue exact de toutes les richesses monumentales de la France.

Sur la liste qu'elle a l'honneur de vous remettre, la commission n'a point porté les cathédrales et autres édifices diocésains, qui, pour la plupart cependant, se distinguent par la
noblesse de leur architecture. Par une bizarrerie qu'on a peine
à s'expliquer, et qui souvent a excité de vives réclamations,
l'entretien de ces édifices appartient à un autre département.
La commission ne peut que renouveler ses vœux pour voir
cesser un pareil état de choses, dont le moindre inconvénient
est de diviser les ressources du Gouvernement, et de lui ôter
cette direction méthodique dont toutes les autres parties de
l'administration sentent les bons résultats.

En présence des besoins nombreux que chaque jour lui
révèle, la commission ne pouvait concentrer toutes ses ressources sur quelques monuments exceptionnels, n'accordant
aux autres que des promesses dont quelquefois ils n'auraient
pu attendre l'effet. Elle a donc cru devoir diviser les secours
de votre département en plusieurs catégories : les uns assez
considérables pour compléter ou du moins pour avancer
notablement la restauration des édifices auxquels ils s'appli-
quent; les autres, destinés seulement à retarder les progrès de
la destruction et à permettre d'attendre le moment où l'on
pourra disposer de ressources suffisantes.

Les titres des monuments qui doivent prendre place dans la
première catégorie ont été pesés avec la plus scrupuleuse im-
partialité. Dans son examen, qui s'est étendu à toute la France,
la commission n'a voulu encourager aucun style particulier; elle
ne s'est préoccupée ni de la destination des monuments, ni de
leur position géographique. Libre de toute influence étrangère,
elle n'a pris en considération que l'importance artistique des
édifices, leur situation matérielle, les ressources locales qui
peuvent leur venir en aide; enfin elle n'a rien négligé pour

assurer le bon emploi des subventions accordées par le ministère de l'intérieur. On sait que peu de nos provinces possèdent des architectes qui aient fait les études spéciales nécessaires pour bien conduire de grandes restaurations. Pour la première fois, cette année, on a confié les plus importantes à des architectes que leur talent reconnu désignait à la confiance de l'administration. La légère augmentation de dépense résultant, dans quelques cas, du déplacement de ces artistes, est amplement compensée par la garantie d'une bonne exécution.

C'est ainsi qu'un architecte, nommé par vous, a reçu la mission d'entreprendre la restauration si longtemps ajournée de la magnifique église de Vezelay. A ce travail on a consacré la somme la plus forte dont il ait été possible de disposer, et cependant cette allocation ne permet de réparer qu'une petite partie de cette immense basilique. Jamais, d'ailleurs, secours ne fut plus urgent, et l'on peut assurer que, s'il eût été différé d'une année encore, les murs où saint Bernard prêcha la croisade n'auraient plus offert qu'un monceau de décombres. Il est bien à désirer que le Gouvernement conserve sa protection à un monument majestueux par son architecture, imposant par les souvenirs qu'il rappelle; et la commission ne cessera de réclamer en sa faveur que lorsque sa restauration sera complétée.

D'autres églises non moins intéressantes que la Madeleine de Vezelay, mais heureusement moins maltraitées par le temps, ont été inscrites dans la première catégorie, et, sous la direction d'architectes nommés par vous, recevront de grandes réparations dans la campagne qui vient de s'ouvrir. Il suffit de citer les églises de Saint-Benoît sur Loire, de Conques, d'Issoire, de Saint-Jacques à Dieppe, de Mantes, de Cunault, de Saint-Paul-Trois-Châteaux, le cloître de Moissac, les fresques de Saint-

Savin, pour justifier le choix de la commission et l'intérêt qu'à sa prière l'administration supérieure leur a montré. Bien que ces admirables monuments exigent encore des travaux considérables et coûteux, on peut dire que désormais leur conservation est assurée et annoncer par avance leur complète restauration.

Tout en reconnaissant l'importance incontestable des édifices ci-dessus désignés, on s'étonnera peut-être de ne pas voir figurer dans la même catégorie d'autres monuments aussi remarquables, et dont la situation réclame également des secours. Outre l'impérieuse nécessité de se renfermer dans les limites du crédit de la présente année, la commission avait un autre motif pour ajourner la restauration de certains édifices du premier ordre. Avant de l'entreprendre, il était nécessaire, en effet, de s'entourer des renseignements les plus exacts; il ne fallait s'engager dans des travaux évidemment très-considérables que lorsqu'on aurait pu en évaluer et la durée et la dépense, et qu'on se serait assuré qu'ils seraient dirigés avec le soin et l'intelligence convenables. Des études approfondies seront faites cette année sur un certain nombre de ces monuments, et, lorsqu'elle sera suffisamment éclairée, la commission aura l'honneur de vous adresser des propositions certaines à cet égard. Dès à présent, Monsieur le Ministre, elle peut vous annoncer que le résultat de ce travail démontrera la nécessité de grandes réparations. La commission s'attachera, ainsi qu'elle a toujours fait, à se renfermer dans les limites d'une stricte économie; mais elle craint qu'il ne soit impossible de subvenir à ces nouvelles dépenses sans une augmentation du fonds général de secours.

Le tableau ci-joint contient la désignation des monuments qui doivent recevoir des subventions plus faibles, la plupart parce que leurs besoins sont moins pressants, quelques-uns parce que des ressources locales peuvent en partie pourvoir à leur conservation et à leur entretien. La commission espère que les conseils généraux et municipaux s'imposeront quelques sacrifices pour seconder l'administration centrale, et celle-ci n'hésitera jamais à encourager des efforts aussi nobles et aussi avantageux pour le pays.

Cette année, de même que les précédentes, on a dû apporter une extrême réserve à accorder des allocations pour entreprendre des fouilles. Ce n'est pas qu'avec des fonds suffisants il eût été difficile de désigner des localités où des travaux de ce genre produiraient des résultats intéressants. Le sol de plusieurs grandes villes antiques reste encore à fouiller, et il est hors de doute que de vastes explorations n'offrissent un immense intérêt à la science; mais, avec les ressources limitées dont on peut disposer, il faut réserver ses secours pour des nécessités pressantes, et les fouilles ne présentent jamais un caractère d'urgence.

La commission n'en a donc admis qu'un petit nombre, et son but a été surtout d'encourager les recherches de cette nature que pourraient tenter des communes ou des particuliers. Elle n'a pas négligé toutefois de choisir les lieux où les explorations ont le plus de chances de succès, et peuvent conduire à des découvertes profitables pour les études archéologiques. Elle a désigné particulièrement quelques monuments dits celtiques, jusqu'alors trop négligés peut-être. On peut espérer que l'intérêt que l'administration montre à ces antiques débris d'une civilisation perdue engagera les autorités locales à veiller avec soin à leur conservation.

La commission des monuments historiques, Monsieur le Ministre, vient de vous adresser ses réclamations et ses vœux.

3.

L'importance de nos monuments, leur situation, leurs besoins, vous sont connus. Vous n'ignorez pas combien sont insuffisantes les ressources qui doivent subvenir à leur conservation; combien il serait indispensable qu'elles fussent augmentées en ce moment. Une administration éclairée, une Chambre jalouse de toutes nos gloires nationales, ne pourraient voir avec indifférence la ruine de tant d'édifices que l'étranger nous envie, et c'est avec confiance, Monsieur le Ministre, que la commission s'en rapporte à votre amour des arts, pour provoquer des mesures qui mettent enfin en harmonie avec les besoins de nos monuments les secours qui leur seront destinés.

Je suis avec respect,

Monsieur le Ministre,

Votre très-humble et très-obéissant serviteur,

L'Inspecteur général des monuments historiques,

P. MÉRIMÉE.

La commission des monuments historiques, dans sa séance du 20 mai 1840, a entendu la lecture du présent rapport, et a décidé qu'il serait présenté en son nom à M. le Ministre.

La commission des monuments historiques est présidée par le ministre de l'intérieur; elle se compose de MM. VITET, *vice-président;* P. MÉRIMÉE, *inspecteur général;* CARISTIE, CAVÉ, DENIS, DUBAN, DE GOLBÉRY, CH. LENORMANT. A. LEPREVOST, Comte DE MONTESQUIOU, Comte DE SADE, Baron TAYLOR; GRILLE DE BEUZELIN, *secrétaire.*

LISTE

DES MONUMENTS

POUR LESQUELS

DES SECOURS ONT ÉTÉ DEMANDÉS
ET QUE LA COMMISSION A JUGÉS DIGNES D'INTÉRÊT.

Les capitales indiquent les monuments désignés par la commission comme devant être l'objet de travaux urgents et considérables.

L'astérisque indique les monuments d'un mérite remarquable, mais dont les réparations exigent des sommes moins importantes, ou ceux dont la situation n'a pas encore été constatée par des études suffisantes.

N. B. Les cathédrales et les édifices diocésains ne figurent pas dans cette liste, attendu que leur entretien est attribué au ministère des cultes.

4

LISTE

DES MONUMENTS

POUR LESQUELS DES SECOURS ONT ÉTÉ DEMANDÉS.

AIN.

Aqueduc antique, à Vieux.
Temple d'Isernor.
Église de Nantua.

Divers monuments antiques, principale-
ment dans l'arrondissement de Belley.
Église de Saint-Sorlin.
———— de Saint-André de Bagé.

AISNE.

Ancienne cathédrale de Laon.
——————— de Saint Quentin.
Hôtel de ville, idem.
Camp de Vermand.
Cimetière de Vendhuile.
Église de Braisne.

Église Saint-Michel, à Vervins.
Château de Moye.
Palais d'Albâtre, à Soissons.
Tours de Saint-Jean-des-Vignes, idem.
Église de Chézy-le-Châtel.

ALLIER.

ÉGLISE DE SOUVIGNY.
———— de Saint-Menoux.

Église de Châtel-Montagne.
Musée de Moulins.

ALPES (BASSES-).

Ancienne cathédrale de Senez.
Colonnes antiques, à Riez.
Chapelle circulaire, idem.
Église de Moutier.
Château de Gréoulx.

Église Notre-Dame, à Digne.
———— de Sisteron.
———— de Saint-Jean-des-Prés, à Entrevaux.
Tour de l'Horloge, à Barcelonnette.

ALPES (HAUTES-).

Ruines romaines, au Mont-Saléon.
Église de Lagrand.

Église d'Embrun.
Château de Tallard.

4.

ARDÈCHE.

Église de Tournon. | Église de Vivier.

Monument d'Ornano.

ARDENNES.

Palais d'Attigny*. | Église de Mouzon*.
Mosquée de Buzancy*. | —— de Vieux-Molhain.
Substructions à Thin-le-Moutier. | Pyramide de Lechêne.

ARIÉGE.

Château de Foix. | Église de Durban.
Église de Mirepoix. | Fouilles en plusieurs localités.
—— de Grandpré.

AUBE.

Église Saint-Urbain*, à Troyes. | Église de Mussy.
—— Sainte-Madeleine, idem. | —— de Villenaux.
—— Saint-Jean, idem. | —— de Rumilly.
—— Saint-Nizier, idem. | —— de Chappes.
—— de Ricey-le-Bas*. | —— de Villemaur.
—— de Saint-Maclou*, à Bar-sur-Aube. | —— de Fougères.
—— de Saint-Pierre*, idem. | —— de Brienne-le-Château.
—— de Saint-Étienne, à Bar-sur-Seine. | —— Berulle.
—— de Saint-André. | —— de Sainte-Maure.
—— de Pont-Sainte-Marie. | —— de Moussey.
—— de Piney. | —— de Saint-Martin-des-Vignes.
—— d'Arcis-sur-Aube. | —— de Nogent-sur-Seine.
—— de Chaource. | —— de Soulaines.
—— d'Ervy-de-Traisnel. | —— de Montieramey.

AUDE.

Église de Rieux-Merinville. | Église Saint-Just de Narbonne*.
—— de Saint-Hilaire, à Carcassonne. | Musée de Narbonne.
Église Saint-Nazaire*, à Carcassonne. | Église de Villemoustaussou.
Ruines de l'ancienne cathédrale d'Arles*. | Fragments romains, à Aixac.

AVEYRON.

Église de Villefranche.
Chartreuse, *idem*.

Église de Conques.
Abbaye de Belmont.

BOUCHES-DU-RHONE.

Théâtre romain, à Arles.
Amphithéâtre, *idem*.
Obélisque, *idem*.
Colonnes de Saint-Lucien, *idem*.
Crypte de Sainte-Césaire *, *idem*.
Thermes, *idem*.
Église Saint-Trophime *, *idem*.
Église de Montmajour *.
—— de Sainte-Croix *.
Bas-reliefs et église des Saintes-Maries *.
Château de Meyrargues *.
Aqueduc *, *idem*.
Pyramide de la Penne *.
Pont de Saint-Chamas *.
Musée de Marseille.
Tombeaux de l'abbaye Saint-Victor, *idem*.
Caves de Saint-Sauveur, *idem*.
Église de la Major, *idem*.
Tour de Saint-Jean, *idem*.
Butte de Milon, *idem*.
Porte Joliette, *idem*.
Autel Saint-Lazare, *idem*.
Bas-reliefs, etc., à Auriol.
Cimetière d'Allins.
Église de Sainte-Foi.
Ancienne abbaye de Sylvacanne.
Fortifications de Belcodène.
Fontaine de Ceyreste.
Château, *idem*.
Abbaye de Saint-Pons, à Gemenos.
Substructions à la Ciotal.
Bains voûtés, à Aix.
Église Saint-Sauveur, *idem*.

Église Saint-Jean, à Aix.
Tour de Queiriès, *idem*.
Aqueduc souterrain, *idem*.
Autel en marbre blanc, à Martigues.
Chapelle, *idem*.
Fragments d'un temple, aux Pennes.
Maison des Templiers, à Rognes.
Église Saint-Laurent, à Salon.
Château, *idem*.
Mur de Marius, *idem*.
Colonne milliaire, *idem*.
Murs de Tholonet.
Église Sainte-Marthe, à Tarascon.
Château, *idem*.
Établissement des Templiers *, à Crest.
Église Saint-Honorat, près d'Arles.
Palais de Constantin, *idem*.
Tour Saint-Gabriel *, *idem*.
Église Saint-Gabriel, *idem*.
Tour des Bancs, à Lamanon.
Château, *idem*.
Voûtes Sainte-Catherine, *idem*.
Grottes de Calès, *idem*.
Tombeaux *, à Puy-de-Vernègues.
Maison Curiale, à Barbantane.
Aqueduc d'Eygalières.
Bas-reliefs, à Fontvielle.
Chapelle de Mollége.
Colonne, à Orgon.
Arc de triomphe de Saint-Remi.
Mausolée de Saint-Remi.
Temple de la maison basse *, à Vernègues.
Tombeaux de Bouc.

5

CALVADOS.

Château de Falaise *.
Tapisseries de Bayeux *.
Église de Bernières.
—— de Contest.
—— de Lisieux *.
—— Saint-Nicolas.
—— Saint-Étienne *, à Caen.
—— Sainte-Trinité, idem.
—— Notre-Dame.
—— Saint-Jean, idem.
—— Saint-Pierre *, idem.
Ancienne église Saint-Étienne, idem.
Abbaye d'Ardenne.
Église de Cheux.
—— de Norey.
—— de Thaon.
—— de Bernières.
—— de Langrune.
—— d'Ouestreham.
—— de Verson.

Prieuré de Saint-Gabriel.
Église Saint-Pierre, à Touques.
Église de Secqueville, en Bessin.
—— de Lefrêne-Camilly.
Abbaye de Mondaye.
Église de Ver.
—— des Deux-Jumeaux.
—— d'Étreham.
—— de Tour, près Bayeux.
—— de Colleville.
—— de Vierville.
—— d'Anglesqueville.
—— de Ryes.
—— de Formigny.
—— de Louvières.
—— d'Asnières.
—— de Trévières.
—— de Vienne.
—— de Bazenville.
—— de Colombier-sur-Seulles.

CANTAL.

Église Saint-Géraud *, à Aurillac.
Château de Carlat, idem.
—— de Saint-Étienne, idem.
Église de Mauriac.

Église de Villedieu.
Château de Grospierre.
Église de Bredons.

CHARENTE.

Château de Barbezieux.
Cône d'Osna.
Château d'Aubeterre.
Cathédrale d'Angoulême *.
Église de Saint-Michel.

Abbaye de la Couronne.
Église du Roulet.
—— de Puypéroux.
—— de Saint-Amand de Boixe *.
Chapelle de Saint-Gelais *, à Angoulême.

CHARENTE-INFÉRIEURE.

Église d'Esnaudes *.
Arc romain *, à Saintes.
Église de Marennes.
—— de Fénioux.
—— d'Aulnay.
—— de Bignay.
—— de Moëse.
—— de Grand-Jean.

Amphithéâtre *, à Saintes.
Église de Sainte-Palaye, idem.
—— de Sablonceaux.
—— de Saint-Savinien.
La Pirelonge.
La pyramide d'Esbéon.
Aqueduc du Donet.
Église d'Échillay.

CHER.

Hôtel de J. Cœur *, à Bourges.
Maison Lallemand *, idem.
Église Notre-Dame, à Saint-Bonnet.
Porte de la préfecture, idem.
Église de Plein-Pied.
—— de la Celle-Bruyères.
—— de Nerondes.
Ruines romaines de Drevant *.
Croix du cimetière de Coust.

Château de Mehun.
Église de Charoust.
—— de Choissy.
—— de Dun-le-Roi.
—— de Mehun.
—— de Mornay.
—— de Saint-Satur.
—— de Saint-Amand.
—— de Saint-Remi-lez-Étieux.

CORRÈZE.

Arènes de Tintignac.
Église d'Uzerches.
—— d'Aubazine.
Château de Ventadour.
—— de Comborn.
—— de Turenne.
—— d'Ayan.

Église de Meymac.
—— de Saint-Cyr-la-Roche.
—— de Vigeois.
—— de Saint-Angel.
Chapelle de Ségur.
Tours de Merlé.

CORSE.

Ruines d'Aleria *.
Église de la Canonica.
—— de San-Perteo.
Couvent de Saint-François, à Ajaccio.

Ruines de Saint-Pierre d'Accia.
Saint-Pierre de Morosaglia.
Débris du château de Nonza.
Église Saint-Maurice, à Canari.

5.

Suite de la CORSE.

Tour de Sénèque.
Ruines, à Tenda.
Église Saint-Michel, à Murato.
Ruines, à Golo.
Stazzona de la vallée de Taravo.
———— de Cauria.
Stantara de Rizzanese.
Église de Saint-Pancrazio.
———— de Santa-Cristina, à Cervioni.
———— de Saint-Florent, de Nebbio.
———— de Saint-Nicolas.

Église de Sainte-Césairè.
———— de Carbini.
———— de Saint-Martin.
Château d'Istria.
———— de Cauria.
———— de Montecchi.
———— de la Rocca.
Église d'Aregno.
Statue d'Appriciani.
Stantara de la bocca della Pilla.

COTE-D'OR.

Cour ducale *, à Dijon.
Chartreuse *, idem.
Église de Semur.
———— de Saint-Thibault.
Fresques, à Saint-Seine *.
Église de Montbard.
———— de Saulieu.

Église de Flavigny *.
Église Saint-Michel, à Dijon.
———— Notre-Dame, idem.
Ruines du Mont-Auxois *.
Église de Rouvray.
———— de Beaune.
Chapelle de Pagny.

COTES-DU-NORD.

Église de Lanleff *.
Tour de Cesson.
———— de Montbrun.
Pierres druidiques et dolmens.

Temple de Mars *, à Corseul.
Ruines d'Erquy *.
Ancienne cathédrale de Tréguier.

CREUSE.

Église de Chambon *.
———— d'Évaux.
———— de la Souterraine.

Église de Boussac.
Château de Boussac.
Thermes antiques d'Évaux *.

DORDOGNE.

Amphithéâtre *, à Périgueux.
Tour de Mataguerre, idem.

Chapelle épiscopale *, à Périgueux.
Église de la Cité *, idem.

SUITE DE LA DORDOGNE.

Cloître de Cadouin *.
Abbaye de Brantôme.
Église de Montaigne *.
——— de Sarlat *.
——— de Beaumont.
——— de Saint-Front.
Château de Bourdeille *.
Église de Cercles.

Église de Riberac.
——— de Besse.
——— d'Issigeac.
Chapelle de Biron.
——— de Saint-Geniers.
——— de Lèches.
Ruines romaines.

DOUBS.

Ruines de Mendeure *.
Porte Noire, à Besançon.
Musée, *idem*.

Abbaye de Montbenoist.
Chapelle d'Aigremont, à Boullans.

DROME.

Église de Saint-Paul-Trois-Châteaux *.
——— de Lioncel.
——— de Saint-Barnard, à Romans *.
——— de Saint-Restitut *, près Saint-Paul.
——— de Grignan.

Château, *idem*.
Pendentif de Valence *.
Taurobole de Tain.
Ancienne cathédrale et ruines romaines, à
Die.

EURE.

Église de Conches *.
Ruines romaines, au Vieil Évreux *.
Tour de Vernon.
——— de Saint-Taurin d'Évreux.

Chapelle de l'hospice d'Harcourt.
Église de Gisors *.
Tour du Bec Hellouin.
Églises du petit et du grand * Andelys.

EURE-ET-LOIR.

Porte Saint-Guillaume, à Chartres.
Église de Saint-Aignan *, *idem*.
——— de Saint-Pierre *, *idem*.
——— de Saint-André *, *idem*.
——— de Nogent-le-Roi.
——— de Saint-Lubin.
——— de Bonneval *.
Hôtel de ville de Dreux.

Église Saint-Pierre, de Dreux.
——— de Saint-Hilaire, à Nogent-le-Rotrou.
——— de la Bazoche, *idem*.
——— de Saint-Laurent, *idem*.
Château de Nogent.
——— de Meslay-le-Vidame.
——— d'Alluye.
Ruines et mosaïque de Marboué *.

FINISTÈRE.

Église Notre-Dame du Folgoat*.
—— Notre-Dame du Creizker*, à Saint-
Pol-de-Léon.
Ancienne cathédrale, *idem*.
Église de Quimperlé*.

Église d'Hennebon.
—— de Saint-Herbot.
Clocher de Lambader*.
Église de Plouvorn*.
Chapelle épiscopale de Quimper.

GARD.

Église de Saint-Gilles.
Monuments antiques* de Nîmes.
Remparts d'Aigues-Mortes*.

Pont du Gard*.
Pont du grand Gallargues.
Tombeau d'Innocent VI, à Villeneuve.

GARONNE (HAUTE-).

Église Saint-Sernin*, à Toulouse.
Musée et cloître des Augustins*.
Église du Taur.
—— des Jacobins.
Salle du Consistoire et cour d'Henri IV au
Capitole.

Église de Saint-Bertrand de Comminges.
—— de Saint-Aventin.
—— de Saint-Gaudens.
—— de Saint-Just de Valcabrère.
—— de Venerque.
Ruines romaines, à Martres.

GERS.

Donjon de Bassoues*.
Église de Sainte-Foi.
Mosaïque de Rivière.

Ancienne cathédrale de Condom.
Église de Marciac.

GIRONDE.

Église d'Uzeste.
—— Saint-André de Cubzac.
—— de Guîtres.
—— de Saint-Jean, à Libourne.
Ancienne cathédrale de Bazas.
Église de Verteuil.
—— de Loupiac*.
—— de Cars.
—— de Bayon.
—— de Maguigne.

Église de Saint-Virien de Benon.
—— de Cissac.
—— de Gueyrac.
—— de Podensac.
—— de Lesparre.
Abbaye de la Sauve.
Porte de Blaye*, à Bourg.
Ruines de l'amphithéâtre, à Bordeaux.
Église de Sainte-Eulalie, *idem*.
—— de Saint-Pierre, *idem*.

SUITE de la GIRONDE.

ÉGLISE ED SAINTE-CROIX *, *idem.*
—— de Saint-Seurin, *idem.*
—— de Saint-Émilion.
—— de Saint-Macaire.
Château de Breuil.
—— d'Ornon.

Château de Saint-Médard.
—— de Roquetaillade.
—— de Budos.
—— de Villaudroux.
—— de Farges de Lahure.
Ruines romaines.

HÉRAULT.

Église de Saint-Pons *.
—— de Capestang *.
—— de Mont-Cairol *.
—— de Clairmont.
—— de Lodève *.
—— de Saint-Nazaire *, à Béziers.
—— de Sainte-Madeleine, *idem.*
—— de Sainte-Aphrodise, *idem.*
—— de Sainte-Croix.

Église de Celleneuve.
—— de Villeneuve.
—— de Villemagne.
—— de Saint-Étienne, à Agde.
—— d'Espondeilhan.
—— de Maguelonne *.
—— de Valmagne.
—— de Saint-Guilhen-le-Désert *.

ILLE-ET-VILAINE.

ANCIENNE CATHÉDRALE DE DOL *.
Église Saint-Ouen-la-Rouerie.
Dolmen d'Essé.

Chapelle de Langon *.
Tribune de Vitré (au château).
Église de Vitré.

INDRE.

Église Sainte-Madeleine * en Brenne.
Tour d'Issoudun.
Plusieurs dolmens.
Amphithéâtre.
Tour de la Châtre (prison).
Château de Gamourt, à Cluis.
Église de Mesbecq.

Église de Levroux.
—— de Neuvy.
—— de Gargilesse.
Château de Bourchet en Brenne.
Tour de Saint-Sévère.
Château de Crevant.

INDRE-ET-LOIRE.

Ancienne église Saint-Julien.
Tours de l'ancienne abbaye de Saint-Martin*.
Château de Chinon.
Lanterne de la Roche-Corbon.
Église de Loches*.
—— de Candes*.
—— de Montrésor*.
—— de Preuilly.
Église Saint-Denis, à Amboise.
Château de Chenonceaux.

Pile de Cinq-Mars*.
Abbaye de Saint-Mesme, à Chinon.
Église d'Azay-le-Rideau*.
Château, idem.
Château de Langeais.
Église de Langeais.
Grenier de César, à Amboise.
Château, idem.
Camp romain, idem.
Château d'Ussé.
Vitraux de le chapelle de Champigny.

ISÈRE.

Musée, temple et autres ruines romaines, à Vienne.
ÉGLISE SAINT-MAURICE, à Vienne.
—— Saint-André-le-Bas, idem.

Église de Saint-Chef*.
—— Saint-Antoine*, à Saint-Marcellin.
—— de Surieu.

JURA.

Constructions romaines.
Monuments celtiques.

Église de Chissey.

LANDES.

Église du Mas d'Aire*.
—— de Sordes.

Église de Saint-Gérons.
Orgues de l'église de Saint-Sever.

LOIR-ET-CHER.

Église de Saint-Nicolas de Blois*.
Château*, idem.
Fontaine gothique, idem.
Soings, tumulus, fragments romains.
Château de Chambord.
Château de Vendôme.

Église de la Trinité, à Vendôme.
Château et église de Celette.
Forteresse gallo-romaine, à Tesée.
Église de Meland.
Château de Chaumont.
Château de Chiverny.

LOIRE.

Église de Montbrison*.
—— d'Ambierle*.
—— de Là-Bénissons-Dieu.
—— de Champdieu.

Colonnes antiques de Feurs*.
Église de Bourg-Argental*.
—— de Saint-Bonnet-le-Château.
—— de Saint-Étienne.

LOIRE (HAUTE-).

Église de Saint-Didier-la-Sauve.
—— de la Chaise-Dieu*.
—— DE SAINT-JULIEN*, à Brioude.
—— de Riotord.
—— de Saint-Laurent, au Puy.
—— Saint-Michel, *idem*.
Baptistère, *idem*.

Cloître de Notre-Dame*, à Brioude.
Église de Chanteuges.
—— de Saugues.
—— de Monestier.
—— de Saint-Paulien.
Abîme et ruines de Polignac.

LOIRE-INFÉRIEURE.

Église de Saint-Gildas*.
Portail de la chapelle Notre-Dame*, à Nantes.
Château, *idem*.
Château du Bouffay, *idem*.
—— de Châteaubriand*.

Château de Blain.
Église de Guerrande.
—— de Batz.
Château de Clisson.
Église du Croisic.
—— de Saint-Goustan.

LOIRET.

ÉGLISE DE SAINT-BENOÎT-SUR-LOIRE.
Château de Gien*.
Tour de César*, à Beaugency.
Château de Montargis.
Église de Ferrières.
—— de Saint-Aignan, à Orléans.
—— de Saint-Jacques, *idem*.
Cimetière, *idem*.
Musée, *idem*.
Chapelle d'Yèvre-le-Châtel.

Église de Notre-Dame de Cléry.
—— de Châteauneuf.
—— de Gien.
Caserne de Lorris.
Église de Germigny.
—— de Puiseaux.
Mairie de Beaugency*.
Église, *idem*.
Église de Meung.

LOT.

Église de Souillac*.
—— de Marsillac*.
—— d'Assier.
Château d'Assier.
Église de l'ancienne abbaye S'-Sauveur,
  à Figeac*.
Obélisques près de Figeac.
Chapelle Notre-Dame-de-la-Pitié, *idem.*

Ancien hôtel de ville, à Figeac.
Pont de Cahors.
Murs romains et théâtre, *idem.*
Cloître de Carennac.
Chapelles de Rocamadour*.
Château de Montal.
Église de Gourdon.
—— d'Espedaillac.

LOT-ET-GARONNE.

Ruines de Nérac*.
Église Saint-Caprais*, à Agen.
—— Saint-Hilaire, *idem.*,
Beffroi, *idem.*
Maison de Montluc, *idem.*
Murs et pont romains, *idem.*
Chapelle de l'Hermitage.
Château de Pujols.
Tour d'Eyssen.
Château de Xaintrailles.

Église de Layrac*.
—— de Mezin*.
—— de Montsempron.
—— de Hautefaye.
—— d'Aubiac.
—— de Casseneuil.
—— de Gavaudan.
—— de Saint-Livrade.
—— du Mas d'Agenais.
La Tourasse et la Pirelonge, près Aiguillon.

LOZÈRE.

Tombeau romain, à Lanuejols.
—— de Duguesclin.
Pont de Sainte-Éminie.
—— de Salmon.
—— d'Espagnac, à Quezac.
Église de Marvejols.

Ancienne cathédrale de Mende*.
Église du Monastier.
—— de Langogne.
Ruines de la chapelle Notre-Dame-de-la-
  Victoire.

MAINE-ET-LOIRE.

Église de Cunault.
—— du Ronceray, à Angers.
—— de la Trinité, *idem*.
—— Saint-Martin, *idem*.
—— Saint-Serge*, *idem*.

Statue de Cl. Rueil, à Angers.
Hôtel-Dieu*, *idem*.
Château*, *idem*.
Palais des marchands, *idem*.
Église de Savenières*.

SUITE DE MAINE-ET-LOIRE.

Ancienne abbaye de Fontevrault.
Statues des Plantagenets.
Tour d'Évrault.
Église de Deneze.
———— de Saint-Georges Chatelaison.
Château de Brissac.
Église de l'ancienne abbaye de Vernantes.

Amphithéâtre de Doué.
Dolmens de Saumur.
Église de Nantilly, à Saumur.
Chapelle de Behuart.
Château de Plessis-Bourré.
———— de Plessis-Macé.

MANCHE.

Aqueduc de Coutances.
Abbaye de Hambye.
———— de la Luserne.
———— de Saint-Sauveur-le-Vicomte.
Église de Pontorson.
———— de Lessay.
———— de l'Abbaye-Blanche.
———— de Mortain.
Église Ste-Marie-du-Mont, à Sainte-Mère.
———— du Mont-Saint-Michel.
Ancienne abbaye de Mortain.

Château de la Haye du Puits.
———— de Torigny.
———— de Bricquebec.
Chapelle Saint-Michel, à Saint-Lô.
Grande-Cheminée de Valogne.
Monument romain, à Quenesville.
Église de Cerisy.
———— de Sainte-Croix, à Saint-Lô.
———— de Notre-Dame, idem.
Dolmen de Querqueville.
Château de Saint-Sauveur-le-Vicomte.

MARNE.

Église de Notre-Dame, à Châlons.
———— d'Épernay.
———— d'Orbais.
———— de Notre-Dame-de-l'Épine.
———— de Sezanne.
———— d'Aï.
———— de Chezy-Chartreuse.
Monuments romains, à Rheims.
Porte de Mars, idem, etc.

Saint-Remy, à Rheims.
Église de Cormicy.
———— d'Ermenonville.
———— de Prouilly.
———— de Lavanne.
———— de Boult.
———— de Saint-Brice.
———— de Bethéniville.

MARNE (HAUTE-).

Église de Saint-Geome.
—— de Celtoy.
—— d'Isoines.
—— de Mont-Sanguin.
Chapelle du collège, à Chaumont.

Église de Chaumont.
Tombeaux des Guises, à Joinville.
Monuments romains de Langres.
Église Saint-Didier, *idem*.

MAYENNE.

Camp de Jublains.
Église d'Évron.
Château de Chemazé.
Chapelle de Notre-Dame-des-Périls.
Église de Craon.
—— d'Avenières.
—— de Saint-Jean, à Château-Gontier. –

Église de Saint-Martin, à Laval.
—— de la Trinité, *idem*.
Château, *idem*.
Église de Sainte-Suzanne.
—— de Lessay.
—— de Mayenne.
—— Saint-Laurent-des-Mortiers.

MEURTHE.

Ancienne cathédrale de Toul.
Église de Saint-Nicolas-du-Port.
—— de Saint-Epvre, à Nancy.
Tombeaux des ducs de Lorraine, *idem*.
Ancien château ducal, *idem*.

Église de Pont-à-Mousson.
Château d'Hohembourg.
Église d'Hohembourg.
Tombeaux, à Saint-Sauveur.
Ancien château de Vaudemont.

MEUSE.

Église d'Avioth.
Sépulcre de Saint-Mihiel.
Église de Rembercourt.

Tour de Luxembourg, à Ligny.
Calvaire, à Hostonchâtel.

MORBIHAN.

Église Saint-Gildas de Rhuys.
Monuments de Locmariaker.
—— druidiques de Carnac.
—— d'Erdeven.

Église de Guelven, à Guern.
—— de Merlevenez.
Château de Sucinio.
Église de Ploërmel.

MOSELLE.

Tombeau romain de Sauf*.
Aqueduc de Jouy*.
Oratoire des Templiers, à Metz.

Tour de Valdeck.
Château d'Ottange.
———— de Falkenstein.

NIÈVRE.

ÉGLISE SAINTE-CROIX, à la Charité.
———— Saint-Léger, à Taunay.
———— de Saint-Reverien*.
———— de Saint-Étienne, à Nevers*.
———— de Saint-Sauveur, *idem*.
Palais-de-Justice, *idem*.
Bains de Saint-Honoré.
Fouilles à Villars.

Église de Clamecy*.
———— de Saint-Sauge.
———— de Premery.
———— de Corbigny.
———— de Douzy.
———— de Jailly.
———— de Deuze.
Camp romain, *idem*.

NORD.

Tour du Beffroi, de Bergues.
Tour à Dunkerque.
Colonne de Fontenoy.
Fragments romains, à Famars.

Tour de Maerdyck.
Ancien palais des ducs de Bourgogne, à Lille.
Saint-Maurice, *idem*.

OISE.

Ancienne cathédrale de Noyon*.
Église de Senlis*.
———— de Saint-Leu.
———— de Saint-Martin-au-Bois*.
———— de Morienval.
———— de Tracy*.
———— de Compiègne.
Hôtel de ville de Compiègne.

Abbaye d'Ourcamp*.
Église de la Basse-OEuvre*, à Beauvais.
———— Saint-Pierre, *idem*.
———— de Cambronne.
———— d'Ermenonville.
———— de Baron.
———— de Saint-Germer.

ORNE.

Église de Notre-Dame-sous-l'Eau*, à Domfront.

Donjon de Chamboi.
Église de Lonlay-l'Abbaye.

PAS-DE-CALAIS.

Église et portes, à Boulogne.
—— Notre-Dame, à Saint-Omer*.
Tour de Saint-Bertin*.

Tour du Beffroi, à Arras.
—— de Loos.
Église de Saint-Léonard.

PUY-DE-DOME.

ÉGLISE d'ISSOIRE.
—— de Notre-Dame-du-Port, à Clermont*.
—— d'Ennezat*.
—— de Mozat.
—— de Saint-Nectaire*.
Sainte-Chapelle de Vic-le-Comte.

Église de Manglieu, près d'Issoire.
—— de Saint-Amable, à Riom.
Sainte-Chapelle, *idem*.
Église de Notre-Dame d'Orcival.
—— de Chamaillères.
—— de Choriat.

PYRÉNÉES (BASSES-).

Église de Morlaas*.
—— de Lescar.
—— de Lambège.
Château de Henri IV.

Tour de Montaur.
—— de Moncade, à Orthez.
—— de Montaner.

PYRÉNÉES (HAUTES-).

Église de Saint-Savin*
—— d'Audiébat.
—— de Sarrancolin.

Église de Luz*.
—— de Poey-la-Hûn.

PYRÉNÉES-ORIENTALES.

Ancienne église Saint-Jean, à Perpignan.
Chapelle du Château, à Perpignan, loge
  des marchands.
Église de Marcevols.
—— de Boulou.
—— de Saint-Martin d'Albère*.
—— de Corsavy.
—— de Molitg.
—— de Planès*.
—— de Coustouges*.
—— de Fourmiguères.
—— de Saillagouse.

Église d'Élagonna.
Cloître d'Elne*.
Église d'Arles-les-Bains*.
—— de Cornilha.
—— de Serrabona*.
Pont de Céret*.
Cloître de Monesti-del-Camp.
Église de Dorres.
—— d'Estavar.
—— de Hix.
Croix d'Ille.

RHIN (BAS-)

Église de Marmoutier.
——— de Rosheim.
——— de Neuwiller.

Église de Saint-Jean-des-Choux.
Mur des Païens.
Monastère de Sainte-Odile.

RHIN (HAUT-)

Église de Gueberschwyr.
——— de Sigolsheim.
——— de Thann.
——— de Pfaffenheim.
——— de Ruffach.
——— de Gundolsheim.
——— de Guebwiller.
——— de Luttembach.
——— de Dussenbach.
——— de Morimont.

Église de Murbach.
——— d'Ottmarsheim.
——— de Saint-Dizier, à Colmar.
——— de Saint-Martin, idem.
Châteaux-de-Ribeauvillé.
——— du Haut-Landsberg
——— de Kaysersberg.
——— de Hoh-Kœnisbürg.
——— d'Eguisheim.

RHONE.

Église de Saint-Paul, à Lyon.
——— d'Aisnay idem.
——— de Saint-Nizier, idem.
——— de Saint-Bonaventure, idem.

Aqueducs antiques, idem.
Église de Villefranche.
Fragments antiques à Sainte-Colombe.

SAONE (HAUTE-)

Mosaïque de Membrey.

SAONE-ET-LOIRE.

Église de Saint-Philibert, à Tournus.
Monuments antiques d'Autun.
Temple de Janus, idem.
Murs et tours, idem.
Cathédrale Saint-Lazare, idem.

Menhir d'Auxy.
Pyramide de Couard.
Chapelle du Val Saint-Benoît.
Église de Saint-Point.

SARTHE.

Fragments romains à Moiras.
Église du Pré, au Mans*.
—— de Notre-Dame-de la-Coulure, idem.
—— de la Ferté-Bernard.
Sculptures du prieuré de Solesme.

Église du château du Loir.
—— de Saint-Calais.
—— de Mamers.
—— de Vivoin.

SEINE-INFÉRIEURE.

Théâtre antique de Lillebonne*.
Crypte de Saint-Gervais, à Rouen.
ÉGLISE SAINT-OUEN, idem*.
—— de Saint-Maclou, idem.
Donjon de Philippe-Auguste, idem.
Palais de justice, idem.
Église Saint-Patrice, idem.
—— Saint-Georges de Bocherville*.
—— DE FÉCAMP*.
—— de Caudebec*.
—— de Gamache.
—— de SAINT-JACQUES, à Dieppe.
—— de Harfleur*.
—— d'Eu*.

Église d'Auzebosc*.
—— d'Étretat*.
—— du Tréport*.
—— de Saint-Maclou.
—— de Gournay.
—— Sainte-Gertrude.
Crypte de Saint-Jean-d'Abbetot*.
Chapelle de Moulineau.
Église de Sotteville.
—— de Valliquerville.
Fragments romains à Barentin.
Mosaïque de Brotonne*.
Fragments romains au Bois-l'Abbé.
—— au Bois-Mesnil.

SEINE-ET-MARNE.

Crypte de Jouare.
Égilse de Voulton.
—— d'Avon.
—— de Brie-Comte-Robert.
Chapelle de l'Hôtel-Dieu, idem.
Église de Champeaux.
—— de Château-Laudon.
—— de Larchons.
—— de la Ferté-sous-Jouare.

Ancienne cathédrale de Meaux.
Église Notre-Dame-de-Melun*.
—— de Moret.
Portes de Moret.
Église de Nemours.
Château de Nemours.
Église de Montereau.
—— de Saint-Quiriace*, à Provins.

SEINE-ET-OISE.

ÉGLISE DE MANTES*.
—— de Pontoise*.
—— d'Écouen*.
—— de Veteuil*.
—— de Luzarches*.
—— de Mesnil-Aubril.
—— de Chars.
—— de Favières.
—— de Themericourt.
—— d'Houdan.

Église de Montfort-l'Amaury*.
—— de Saint-Spire*, à Corbeil.
—— de Montmorency*.
—— de Poissy.
—— Notre-Dame-d'Étampes.
—— Saint-Martin, à Étampes.
Tour de Montl'héri.
Clocher d'Athis-Mons.
—— de Champmotteux.
—— de Saint-Leu.

SÈVRES (DEUX-).

Église de Bressuire*.
—— de Saint-Maixent*.
—— d'Auvrault.
Église de Cette.
—— de Niort.
Tombeaux de Biron.

Église de Thouars.
Chapelle de Thours*.
Église de Savarzais.
Église d'Oiron.
Château de Niort.
Église Notre-Dame-de-Niort.

SOMME.

Abbaye de Saint-Riquier*.
Collégiale de Saint-Vulfran, à Abbeville.
Abbaye de Corbie.
Chapelle du Saint-Esprit, à Rue*.
Église de Conti.
—— d'Airaines.
—— de Bertheaucourt.
Dolmen à Doint.
Église de Longpré-les-corps.
—— de Pont-Remy.
—— de Saint-Remy.
—— de Picquigny.
—— de Nesles.
—— de Tilloloy.

Statues de Créquy, au Castel.
Tour du Logis-du-Roi, à Amiens.
Porte Montre-Écu, idem.
Église de Saint-Leu, idem.
—— de Saint-Germain-l'Écossais, idem.
—— Saint-Pierre de Doulens.
Maison des Templiers, à Domars.
Beffroi de Péronne.
Église de Poix.
—— de Mareuil.
—— de Lucheux.
—— Saint-Pierre de Roye.
Château de Rambure.

TARN

Fragments romains, à Lombez.
Église de Burlatz.

Église Saint-Michel, à Gaillac.

TARN-ET-GARONNE.

CLOÎTRE DE MOISSAC.
Église de Caussade*.
—— de Montpezat.
—— de Grisolès.
Château de Penne.

Dolmens de Caussade.
Plusieurs camps romains.
Château de Caylus,
—— de Saint-Jean-de-Maleuse.
—— de Bruniquel*.

VAR

Monastère de Lérins*.
Monument de Fréjus*.
Église d'Hyères*.
Château de Cagnes.
Chartreuse du Thoronet.

Église de Six-Fours.
Colombarium des Arcs.
Ruines de Pomponiana.
Église de Vence.
Église de Saint-Maximin.

VAUCLUSE.

Église de Cadenet.
Ancienne abbaye de Sénanque.
Église Saint-Pierre, à Avignon.
Palais des Papes*, idem.
Église Notre-Dame-des-Domns*, idem.
—— des Dominicains, idem.
—— de Saint-Agricol, idem.
Pont Saint-Benezet, idem.
Ruines romaines, idem.
Église de Saint-Didier, idem.
Baptistère de Vénasque*.
Église du Thor.
—— de Cavaillon.

Arc antique de Cavaillon.
Arc d'Orange*.
THÉÂTRE idem.
Église de Vaucluse.
—— de Pernes.
—— de Carpentras.
Arc idem.
Murs idem.
Église de Saint-Siffrein, idem.
Ancienne cathédrale de Vaison.
Ruines romaines, idem.
Chapelle Saint-Quenim*, idem.
Cimetière d'Apt.

VENDÉE.

Église d'Apt.
—— de Maillézais.

VIENNE.

Arènes de Poitiers.
Église Saint-Jean, *idem*.
—— Notre-Dame, *idem*.
—— du Moutier-Neuf, *idem*.
—— de Saint-Hilaire, *idem*.
—— DE SAINT-SAVIN.
—— DE CIVRAY.
—— de Fontaine-le-Comte *.
Coupole de Charroux.

Église de Vouvant.

Église de Chauvigny.
Château, *idem*.
Colonne de Château-l'Archer.
Tombeau de Lahire *.
Octogone de Montmorillon *.
Château de Gençay.
—— de Montreuil-Bonnin.
Église de la Puye.
Château de Noaillé.

VIENNE (HAUTE-).

Eglise de Saint-Junien *.
—— de Rochechouart *.
Château, *idem *.
—— de Chalusset *.
Église de Champsac.
—— de Maisonnais.
—— des Salles-Vauguyon.
—— de Saint-Laurent.
—— de Videix.

Église de Beaune.
—— Sainte-Marie, *idem*.
—— de Saint-Yrieix.
—— de Cunac.
—— de Dournazac.
—— de Saint-Viturnien.
—— de Saint-Mathieu.
—— d'Oradour-sur-Vayre.

VOSGES.

Église d'Étival.
—— de Moyen-Moustier.
—— Saint-Nicolas de Neufchâteau.
—— de Sainte-Marguerite.
Tour de Sainte-Marguerite.

Maison de Claude Lorrain *.
Statues du Donon *.
Maison de Jeanne-d'Arc *.
Église de Champs *.
—— d'Autrey *.

YONNE.

ÉGLISE DE VEZELAY.
—— de Saint-Père-sous-Vezelay.
Ancien palais épiscopal, à Auxerre.
Église Saint-Germain, *idem*.
—— Saint-René, *idem*.
—— Saint-Étienne, *idem*,
—— de Saint-Florentin.

Église de Sens.
Fragments romains, à Sens.
Église de Saint-Bris.
—— de Pontigny.
—— d'Avallon.
—— de Joigny.
—— de Saint-Julien-du-Sault.

MONUMENTS

DÉSIGNÉS POUR RECEVOIR DES SUBVENTIONS EN 1840, SUR LE CRÉDIT DE 400,000 FRANCS AFFECTÉ AUX MONUMENTS HISTORIQUES.

ALLOCATIONS DE 10,000 FRANCS ET AU-DESSUS.

DÉPARTEMENTS.	MONUMENTS.
AVEYRON	Église des Conques.
BOUCHES-DU-RHÔNE	Théâtre romain d'Arles.
LOIRET	Église de Saint-Benoît sur Loire.
MAINE-ET-LOIRE	Église de Cunault.
PUY-DE-DÔME	Église d'Issoire.
SEINE-ET-OISE	Église de Mantes.
SEINE-INFÉRIEURE	Église Saint-Jacques de Dieppe.
TARN-ET-GARONNE	Cloître de Moissac.
VAUCLUSE	Théâtre romain d'Orange.
YONNE	Église de Vezelay.

ALLOCATIONS DE 3,000 A 10,000 FRANCS.

DÉPARTEMENTS.	MONUMENTS.
AISNE	Ancienne cathédrale de Laon.
ALLIER	Église de Souvigny.
CALVADOS	Église de Lisieux.
DRÔME	Église de Saint-Paul-Trois-Châteaux.
	Pendentif de Valence.
EURE	Église de Conches.
GARD	Église de Saint-Gilles.
LOIR-ET-CHER	Église Saint-Nicolas de Blois.
LOT	Église de Souillac.
MANCHE	Église Sainte-Marie-du-Mont.
MORBIHAN	Clocher de Quelven, à Guern.
OISE	Ancienne cathédrale de Noyon.
	Église de la Basse-OEuvre, à Beauvais.
PUY-DE-DÔME	Église de Mozat.
HAUT-RHIN	Église de Thann.
SEINE-ET-MARNE	Église de Saint-Quiriace, à Provins.
SOMME	Chapelle du Saint-Esprit, à Rüe.
VAR	Église de Saint-Maximin.
VAUCLUSE	Église du Thor.

DÉPARTEMENTS.	MONUMENTS.
SEINE-INFÉRIEURE	Collégiale d'Eu.
	Théâtre romain de Lillebonne.

ALLOCATIONS AU-DESSOUS DE 3,000 FRANCS.

DÉPARTEMENTS.	MONUMENTS.
AISNE	Église de Saint-Yves, à Braisne.
	Cirque de Soissons (fouilles).
	Portail de Saint-Jean-des-Vignes.
ALPES (BASSES-)	Tour de Barcelonnette.
	Monuments romains de Riez.
AUBE	Vitraux de Saint-Urbain, à Troyes.
	Église de Ricey-le-Bas.
	Église de Rieux-Mérinville.
AUDE	Église Saint-Nazaire de Carcassonne.
	Musée de Narbonne.
	Église Saint-Just de Narbonne.
BOUCHES-DU-RHÔNE	Église de Mont-Major, à Arles.
	Château de Falaise.
CALVADOS	Église de Saint-Contest.
	Église de Secqueville en Bessin.
CHER	Église de Saint-Satur.
CORRÈZE	Arène de Tintignac (fouilles).
CORSE	Tombeaux près d'Ajaccio (fouilles).
	Église de Saint-Seine.
CÔTE-D'OR	Monuments romains à Alise (fouilles).
	Église de Flavigny.
CREUSE	Église de Chambon.
DORDOGNE	Église de Sarlat.
DRÔME	Église de Saint-Bernard de Romans.
EURE	Chapelle de l'hospice d'Harcourt.
	Vieil Évreux (fouilles).
FINISTÈRE	Église du Folgoat.
	Tour de Lambader.
HAUTE-GARONNE	Église Saint-Just de Valcabrère.
	Église de Venesque.
HÉRAULT	Ancienne abbaye de Saint-Pons.
ILLE-ET-VILAINE	Ancienne cathédrale de Dol.
	Chapelle de Langon.
INDRE	Tour Blanche d'Issoudun.

DÉPARTEMENTS.	MONUMENTS.
INDRE-ET-LOIRE	Tour de Loches.
	Église de Montrésor.
JURA	Église de Chissey.
LOIRE	Église d'Ambierle.
LOIRET	Église de Germigny.
LOT-ET-GARONNE	Église de Layrac.
	Église de Mezin.
MARNE (HAUTE-)	Musée de Langres.
MEURTHE	Ancienne cathédrale de Toul.
	Église de Saint-Nicolas-du-Port.
MEUSE	Tour de Ligny.
	Calvaire d'Hostonchatel.
MORBIHAN	Monuments druidiques de Lochmariaker.
	Église de Clamecy.
NIÈVRE	Église de Saint-Reverien.
	Église de Saint-Pierre des Étieux.
OISE	Ancienne cathédrale de Senlis.
PYRÉNÉES (HAUTES-)	Église de Saint-Savin.
	Église de Marcevol.
PYRÉNÉES-ORIENTALES	Église de Coustouges.
	Église d'Elne.
RHIN (HAUT-)	Offemont près Belfort (fouilles).
	Église de Murbach.
	Église de Rosheim.
RHIN (BAS-)	Église de Neuviller.
	Crypte d'Andlau.
RHÔNE	Église Saint-Paul à Lyon.
SAÔNE (HAUTE-)	Établissem' romain de Membrey (fouilles).
	Portes romaines d'Autun.
SAÔNE-ET-LOIRE	Pyramide de Couhart.
	Voie romaine.
	Église de la Ferté-Bernard.
SARTHE	Église de Notre-Dame-de-la-Colture au Mans. — Fouilles à Alonnes.
	Église Notre-Dame d'Étampes.
SEINE-ET-OISE	Vitraux de Montfort-l'Amaury.
	Église Saint-Sulpice de Favières.

DÉPARTEMENTS.	MONUMENTS.
	Tombes antiques de Barentin (fouilles).
	Fragments romains au bois l'Abbé et au Menil (fouilles).
SEINE-INFÉRIEURE	Église de Sainte-Gertrude.
	Mosaïque de Brotonne.
	Église de Fécamp.
	Église d'Étretat.
	Église d'Auvrault.
SÈVRES (DEUX-)	Sainte Chapelle de Thouars.
	Église de Celles.
TARN-ET-GARONNE	Clocher de Caussade.
	Église Saint-Louis d'Hyères.
	Église de Six-Fours.
VAR	Pomponiana / Heraclea Cavaler } (fouilles).
	Mosaïque d'Hyères.
	Église de Saint-Siffrin.
	Ancienne cathédrale de Vaison.
VAUCLUSE	Voie des tombeaux à Apt / Thermes de Vaison } (fouilles).
VIENNE (HAUTE-)	Château de Rochechouart.
VOSGES	Maison de Jeanne d'Arc.
YONNE	Église de Saint-Père-sous-Vézelay.

Nota. Le premier tirage de ce rapport contient un certain nombre d'erreurs qui ont été rectifiées dans celui-ci.

www.ingramcontent.com/pod-product-compliance
Lightning Source LLC
Chambersburg PA
CBHW060753280326
41934CB00010B/2474